Roos helpt de dieren

afgeschreven

De kleine chimpansee

Bo Buijs

tekeningen
Els van Egeraat

KLUITMAN

Met dank aan Dierenpark Amersfoort

Roos helpt de dieren

Olifant in nood

De kleine chimpansee

Actuele informatie over Kluitmanboeken
kun je vinden op kluitman.nl

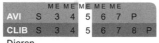

	ME	ME	ME	ME	ME		
AVI	S	3	4	5	6	7	P
CLIB	S	3	4	5	6	7	8	P

Dieren

Toegekend door Cito i.s.m. KPC Groep

Nur 287/W091101
© Uitgeverij Kluitman Alkmaar B.V.
© Tekst: Bo Buijs
© Illustraties: Els van Egeraat
Omslagontwerp: Agnes Visser
Opmaak binnenwerk: Marieke Brakkee

kluitman.nl

Hoofdstuk 1

'Zo.' Met een zwaai schept Roos de laatste hoop olifantenmest in de kruiwagen. Zij en Rik, de verzorger van de olifanten, hebben het binnenverblijf van de olifanten helemaal schoongemaakt.

'Fantastisch. Wat een hulp ben jij!' Rik pakt de kruiwagen en loopt ermee naar de shovel. In één beweging kiept hij de mest erin.

Roos kijkt met ontzag naar de enorme berg die daar nu in ligt. 'Hoeveel poept een olifant wel niet?'

'Zo'n vijftig kilo per dag,' antwoordt Rik. Hij stapt in de shovel. 'En we hebben acht olifanten hier. Dus reken maar uit hoeveel dat samen is.'

Roos denkt na. 'Eh... acht keer vijftig kilo... dat is vierhonderd kilo poep per dag!'

Rik lacht. 'Rekenwondertje!' Hij rijdt in de richting van de stortplaats. Het gaat stapvoets. Roos loopt naast hem en kan Rik met gemak bijhouden.

Onderweg lopen ze langs het buitenverblijf van de olifanten. Dani, de kleinste, heeft net een bad genomen in de waterpoel. Haar moeder Josha doet een stap opzij, zodat de kleine olifant heen en weer kan rollen in het zand. Dat doet ze altijd als ze een bad heeft genomen. Soms spuit ze met haar slurfje het zand ook over haar rug.

'Dag, Dani! Dag, Josha!' Roos zwaait. 'Wat gebeurt er eigenlijk met al die poep?' vraagt ze dan aan Rik.

'Die gaat in een grote container. Een boer uit de buurt haalt alles op. Hij strooit het over zijn planten. Die groeien er goed van.'

Roos kijkt naar Rik. 'Echt?'

Rik knikt. 'En een deel van de poep gaat in emmers. Dat wordt in de winkel verkocht, hier in het park. Iedereen die goed voor zijn tuintje wil zorgen, kan het kopen.'

'Ja hoor!' Roos gelooft er niets van, maar Rik is serieus.

'Ga maar eens kijken in de winkel. Dan zie je het zelf.'

Ze komen langs het verblijf van de chimpansees. Dian, de verzorgster van de chimpansees, staat voor het glas te lachen. Als ze Rik en Roos ziet, wenkt ze hen dichterbij. 'Kijk. Luca is Bunzi aan het helpen.'

Rik zet de shovel stil. Samen met Roos loopt hij naar het glas.

Wat ze zien, is grappig en schattig tegelijk. Een van de chimpansees heeft haar handen onder de bips van een andere gelegd. Ze duwt hem met veel moeite het klimrek in. Daar hangt een rieten mand met voer.

'Ze helpt hem steeds vaker,' vertelt Dian. 'Bunzi wordt nu echt oud.'

Bunzi ziet er inderdaad al erg oud uit. Hij is magerder dan de andere apen, zijn gezicht is een beetje ingevallen en zijn haar is plukkerig en grijs. Hij lijkt wel een oud opaatje.

'Hoe oud is-ie?' vraagt Roos.

'Volgende week wordt hij vijftig,' vertelt Dian.
'Dan geven we een groot knalfeest, met taart en al.'

Roos glimlacht. 'Leuk!'

Bunzi en Luca zitten nu op het klimrek. Ze eten uit de mand: fruit, brood en noten.

'Hoe is het eigenlijk met de nieuwe?' vraagt Rik ineens.

'Die gaat morgen bij de groep,' antwoordt Dian.

Roos kan haar nieuwsgierigheid niet bedwingen. 'Welke nieuwe?'

Dian wijst in de richting van het binnenverblijf. 'We hebben er een jonge chimp bij: Ulan. Ze is in een Duitse dierentuin geboren. Maar daar is ze verstoten door de moeder.'

Roos zet grote ogen op. Verstoten! Dat is erg!

'Ze is toen in huis genomen door een verzorger,' gaat Dian verder. 'Hij heeft haar met de fles grootgebracht. En nu zit ze dus bij ons. Maar we laten een nieuwe aap eerst altijd een tijdje wennen, apart van de groep. Zo kan ze ons, de verzorgers, leren kennen. Daarna laten we haar pas kennismaken met andere chimps. Ulan heeft nu al

een paar vrouwtjes ontmoet, maar toen was ze erg
verlegen. Als er een naar haar toe kwam, liep ze
snel weg.'

'Liep ze ook weg voor Luca?' vraagt Roos.

Dian knikt. 'Ik hoop dus maar dat het goed gaat
morgen.'

Roos gloeit van spanning. 'Dat wil ik zien!' zegt
ze. 'Ik kom kijken!'

Hoofdstuk 2

Chagrijnig loopt Roos de trap af. Ze heeft een volle weekendtas bij zich. Haar broer Joost stommelt achter haar aan. Hij sjouwt een grote rugzak mee. Dit weekend gaan ze naar papa. Roos was het vergeten en eigenlijk gaat ze liever naar het dierenpark om Ulan te zien.

'Zijn jullie er klaar voor?' vraagt pap vrolijk. Hij drinkt thee met mam in de keuken.

'Eh... mja....' knikt Roos.

Pap is verbaasd. 'Het klinkt net alsof je er geen zin in hebt.'

'Dat wel...' zegt Roos aarzelend. 'Maar ik wil zo graag ergens naartoe morgen. Ik weet niet of dat kan als we bij jou zijn...'

Pap zet zijn thee op het aanrecht. 'Waar wil je naartoe? Naar een vriendinnetje? Naar de film? Naar het zwembad?'

'Naar het dierenpark,' antwoordt Roos.

'Nee, hè,' zucht Joost. 'Dat doe je maar als je weer thuiskomt. Nu gaan we naar papa. Daar doen we weer andere dingen.'

'Maar morgen móét het,' dringt Roos aan. 'Dan komt er een nieuwe chimpansee bij.'

'Aha!' Pap knipoogt naar mam. 'En dát mogen we natuurlijk niet missen!'

Mam lacht. 'Onze Roos wóónt bijna in dat dierenpark. Wen er maar aan.'

Roos is opgelucht. Ze gaan dus morgen! Gelukkig maar, want papa zei het precies goed: dát mogen ze niet missen!

'Je hebt dus Luca en Jacco, dat is de leider van de groep,' vertelt Roos enthousiast. Ze zitten in de auto op weg naar paps huis. 'En je hebt Bunzi. Die is volgende week jarig. Dan wordt hij vijftig.'

'Wauw. Vijftig. Is dat oud voor een chimpansee?' Pap parkeert de auto voor het huis.

'Superoud!' zegt Roos. 'Als hij een mens was, woonde hij allang in een bejaardentehuis, volgens mij.'

Pap lacht. Hij houdt het portier voor Roos en Joost open. 'Kom er maar gauw uit.'

Een jonge vrouw met wapperende rode haren loopt het tuinpad van de buren af. Ze heeft een klein jongetje op de arm.

'Dag, Jan,' groet ze. 'Zijn dat je kinderen?'

'Jazeker. Dit is Joost en dat is Roos.' Pap legt trots zijn armen om Roos en Joost heen.

De vrouw geeft Roos en Joost een hand. 'Ik ben Marly, de nieuwe buurvrouw van je vader.'

Ineens buigt de baby van Marly zich voorover. Hij grijpt de neus van Roos en knijpt hem dicht. 'Boediwoedi wababa!' roept hij er opgetogen bij.

'Weh!!!' roept Roos.

Joost schiet in de lach.

'Laat los, Tim!' zegt Marly streng. 'Dat vindt Roos vast niet leuk.'

Roos weet wel zeker dat ze dat niet leuk vindt. Ze probeert Tim los te trekken, maar hij knijpt echt hard. Met zijn andere handje grijpt hij nu ook nog haar haren.

'Sorry, hoor,' zegt Marly. 'Dat doet hij alleen maar omdat hij je aardig vindt.'

'Leuke manier om dat te laten merken!' schatert Joost.

'Wou op, Woost!' zegt Roos boos. Met een dichtgeknepen neus wordt praten er niet makkelijker op.

Met veel moeite krijgen Roos en Marly de vuistjes van Tim losgepeuterd.

Roos wrijft over haar pijnlijke rode neus. 'Dat heb ik weer!' zegt ze. Eén ding weet ze wel: bij die graaibaby blijft ze voortaan een eind uit de buurt!

Hoofdstuk 3

Het is stil in huis. Roos ligt in bed. Ze denkt aan vanmiddag, toen pap haar en Joost kwam ophalen. Wat was het gezellig met zijn allen in de keuken! Haar ouders lachten naar elkaar. Pap gaf mam zelfs een knipoogje. Roos ziet het steeds weer voor zich. Ze kan er niets aan doen: ze wordt er heel blij van. Vóór de scheiding, toen ze nog allemaal in dit huis woonden, was dat wel anders. Als ze dan in bed lag, hoorde ze vaak geruzie beneden. Dan klonk er geschreeuw en waren er deuren die dichtsloegen. Dat was niet leuk om te horen.

Op een dag moesten Roos en Joost beneden komen. 'We moeten jullie iets vertellen,' zei mam. Ze stotterde er een beetje bij en had een rood gezicht. Ze was duidelijk heel erg nerveus. Pap ook. Hij ijsbeerde door de huiskamer en zei niets. Roos en Joost gingen op de bank zitten en wachtten af.

'Kom maar op,' zei Joost ten slotte.

'Het gaat niet zo goed tussen papa en mij,' zei mam. Alsof Roos en Joost dat nog niet doorhadden! Daarna legde mam een heleboel uit, over waarom mensen soms ruzie met elkaar hebben en nog veel meer, maar Roos luisterde niet echt. Ze wachtte op dat ene zinnetje, dat maar niet kwam. Tot pap het zei: 'Mam en ik gaan scheiden.'

Roos wist niet of ze blij of verdrietig moest zijn. Ook later niet, toen Roos, mam en Joost naar een ander huis verhuisden, vlak bij het dierenpark. Dat was natuurlijk geweldig! Wie wil er geen olifanten, tijgers en chimpansees om de hoek? Maar ze miste pap. De scheiding was dus niet leuk en leuk tegelijk.

Ineens hoort Roos dat Joost de trap op loopt. Zijn kamerdeur gaat open en weer dicht.

Roos springt uit bed en klopt aan. 'Joost!' roept ze met gedempte stem. Ze wil de deur opendoen, maar Joost houdt hem dicht.

'Ho ho, verboden voor kleine zusjes!' hoort ze hem zeggen aan de andere kant van de deur. 'Wat wil je?'

'Het gaat over papa. En over mama. Doe open!' Roos duwt tegen de deur.

Het is even stil aan de andere kant.

Dan laat Joost de deur los. Roos tuimelt naar binnen.

'Sorry,' grinnikt Joost. 'Wat is er nou?'

Roos krabbelt overeind en ploft neer op het bed van Joost. 'Papa en mama zijn zo aardig tegen elkaar,' zegt ze. Er verschijnt alweer een grote glimlach op haar gezicht. Ze is zo blij!

'Ja, en?' Joost kijkt haar niet-begrijpend aan.

'Nou. Zag je dat niet? Pap gaf mam een knipoogje en mama moest daarom lachen.'

Joost begrijpt het nog steeds niet.

'Dat deden ze vroeger niet! Misschien komen ze weer bij elkaar! Dan komt pap bij ons wonen, want ons huis is veel leuker. Lijkt je dat niet super?'

Nu begrijpt Joost het. 'Haal je nou maar niks in je hoofd,' bromt hij. 'Ze zijn gescheiden en alles.'

'Maar nu vinden ze elkaar weer aardig,' dramt Roos door. 'Aardiger dan vroeger!'

Joost zucht. 'Dit slaat helemaal nergens op. Ga naar je kamer. Ga slapen!'

Roos loopt de kamer van Joost uit. Bij de deur staat ze nog even stil. 'Ik weet honderd procent zeker dat ik gelijk heb,' zegt ze. 'Wacht maar af.'

Dan vertrekt ze.

Hoofdstuk 4

Het park is nog maar net open. Toch staat Roos al
ongeduldig bij de kassa, waar pap op z'n gemak
toegangskaartjes koopt voor hem en Joost. Roos
heeft een abonnement, dus zij heeft geen kaartje
nodig.

'Kom nou!' Roos loopt gehaast het park binnen,
in de richting van het chimpansee-verblijf. Ulan is
vanmorgen bij de groep gelaten. Hoe zou het met
haar gaan? Zou ze al vrienden hebben gemaakt?

Roos trekt aan papa's mouw. Wat slentert hij
toch!

'Ja ja ja,' zegt hij. 'Kalm aan, hoor.' Gelukkig loopt
hij nu wel iets sneller door.

Bij het glas van het chimpansee-verblijf staan niet
veel mensen. Roos ziet Luca al van veraf. Ze zit
samen met een groepje vriendinnen bij de rand van
het watervalletje dat in het verblijf is aangelegd.
Met een stok probeert ze een appel uit het water te
vissen. Bunzi zit er ook bij. Hij geniet lui van de zon.

'Dat is Bunzi,' wijst Roos. 'En dat is Luca.'

'Wat leuk hè, dat apen gewoon zo'n stok

17

gebruiken,' vindt pap. 'Slim ook.'

'Echt wel,' knikt Joost. 'Een zebra of een giraffe
verzint zoiets niet snel.'

'Chimpansees leren dat van elkaar,' vertelt pap.
'Als één aap het doet, doen de andere het al gauw
na.'

'Daar heb je toevallig een woord voor dat precies
klopt,' lacht Roos. 'Na-apen!'

Ze blijven bij het glas staan.

Roos speurt het verblijf af. Waar is Ulan? Ze ziet
het nieuwe aapje nergens.

Jacco, de leider van de groep, loopt stoer rond. Hij
is enorm groot en gespierd. Als hij langskomt,

groeten de andere apen hem. Ze lijken een beetje bang voor hem te zijn. Alleen de hele jonge aapjes zijn brutaal. Ze springen op zijn rug en trekken aan zijn haar. Jacco let niet op ze. Pas als hij er genoeg van krijgt, jaagt hij ze weg.

Dian loopt langs. 'Hé, Roos! Wat leuk dat je er bent.'

'Waar is Ulan?' vraagt Roos.

Dian knikt met haar hoofd in de richting van een luik dat naar het binnenverblijf gaat. Dat staat open. Daarachter ziet Roos iets bewegen: Ulan. Af en toe steekt ze haar kop om het hoekje om te kijken wat er in de groep gebeurt. Ze durft duidelijk niet door het luik te klimmen.

'Ze zit daar al een paar uur,' vertelt Dian. 'We krijgen haar niet zover dat ze ook maar één stap naar buiten zet. De andere apen zijn al komen kijken, maar als Ulan ze ziet, vlucht ze snel weer naar binnen.'

Roos kijkt naar het bange aapje. Ineens komt ze op een idee. 'Heeft ze iets waar ze graag mee speelt? Een bal of zo? Of spelen apen nergens mee?'

Dian begrijpt het niet. 'Ze spelen met stokken of klimmen in de ringen.'

Papa snapt wél wat Roos bedoelt. 'Heeft Ulan iets wat ze mee naar buiten kan nemen? Iets wat ze kent, zodat ze zich meer op haar gemak voelt?'

Dian denkt na. 'Wat een goed idee van jou,' zegt ze. 'Ze heeft binnen een dekentje. Toen ze een paar weken geleden hier kwam, had ze dat bij zich. Ze slaapt ermee. Ik ga het halen.' Dian loopt weg.

Roos, pap en Joost wachten gespannen af.

Na een tijdje verschijnt Dian op het dak van het binnenverblijf. Ze heeft een dekentje in haar hand, dat ze voorzichtig voor het luik op de grond laat vallen. Ulan heeft direct in de gaten wat er gebeurt. Ze steekt haar kop naar buiten en gluurt naar het dekentje, dat op het zand ligt.

Ook een paar andere chimpansees komen erop af.

Roos houdt haar adem in. Als ze het dekentje maar niet afpakken!

Nog vóór de apen bij het dekentje zijn, is Ulan ineens door het luik naar buiten geklommen. Ze rent er snel naartoe en houdt het stevig vast.

De andere apen gaan om haar heen zitten. Ze
ruiken aan haar en aan het dekentje. Ulan is bang,
maar loopt niet weg.

Dian zwaait naar Roos en steekt haar duim op:
dat gaat goed!

'Mijn zus heeft weer eens een meesterlijk idee,'
zegt Joost trots.

Ook Jacco loopt naar Ulan toe. Als Ulan hém ziet,
duikt ze in elkaar. Ze maakt opgewonden
schreeuwgeluidjes. Het klinkt heel angstig.

Jacco ruikt aan Ulans bips en daarna aan haar
mond. Ulan trilt van angst. Ineens wordt het haar te

veel. Ze geeft Jacco een harde tik op zijn snuit.

Roos schrikt.

Jacco ook. Eerst deinst hij achteruit. Dan wordt hij kwaad. Hij zet zijn haren rechtovereind. Nu is hij nog groter dan hij al was.

'Oeps…' zegt Joost. 'Foutje…'

Langzaam en dreigend loopt Jacco naar Ulan toe. Die wil weglopen, maar Jacco pakt haar vast. Hij tilt haar op en gooit haar tegen de muur van het binnenverblijf. Zelfs door het glas heen hoort Roos hoe hard de klap is.

Het lijkt alsof de wereld stilstaat. Niemand beweegt. Roos niet, papa niet, Joost niet, de andere bezoekers van het dierenpark niet, Dian op het dak niet en de chimpansees in het verblijf niet. Iedereen kijkt naar Ulan op de grond.

Bewegingloos ligt ze daar. Seconden tikken voorbij. Ze lijken een eeuwigheid te duren… Leeft Ulan nog wel?

Dan staat ze op. Ze grijpt haar dekentje en rent door het luik naar binnen.

Hoofdstuk 5

'En is ze daarna niet meer naar buiten gekomen?'
vraagt mam. Ze pakt de weekendtas van Roos aan
en zet hem op de trap.

Pap schudt zijn hoofd. 'We zijn gistermiddag nog
een keer gaan kijken. Roos kon er gewoon niet van
slapen. Maar Ulan zat nog steeds binnen.'

'Ze eet nu ook niet meer,' vertelt Roos. 'Dian
maakt zich superveel zorgen.'

'Ze krijgt heus wel honger,' denkt Joost. 'En dan
eet ze echt wel wat.'

'Joost heeft gelijk. Het komt vast goed,' knikt pap.

Het is even stil.

'Blijf je eten?' vraagt mam dan.

Roos kijkt hoopvol naar haar vader. Die is duidelijk
aan het twijfelen.

'Volgende keer misschien.' Pap geeft Roos, Joost
én mam een kus op hun wang. Dan vertrekt hij.

Roos bonkt bij Joost op zijn kamerdeur. 'Joost!'

Ze hoort haar broer zuchten. 'Verboden voor...'

Maar Roos heeft de deur al opengegooid. Joost

ligt op zijn bed te lezen.

Roos ploft naast hem neer op het dekbed. 'Had ik gelijk of niet?' vraagt ze uitdagend.

Joost kijkt vragend.

'Hallo! Zág je dat niet? Pap gaf mam een kus!'

'Op haar wang. Dat telt niet!' snuift Joost.

'Een kus is een kus! En volgende keer blijft hij eten, dat hoorde je toch zelf?!' Roos is nu nog zekerder van haar zaak: hun ouders komen weer bij elkaar. Het ís gewoon zo!

Joost kijkt peinzend. 'Misschien heb je wel gelijk. Ik had nooit gedacht dat ze zó aardig tegen elkaar zouden doen.'

Roos glimlacht tevreden. 'En daarom heb ik een geweldig plan bedacht. Zet je computer aan. We hebben werk te doen.'

Joost kijkt haar een ogenblik verbaasd aan. Dan legt hij zijn boek weg en gaat achter zijn computer zitten. 'Vertel,' zegt hij.

Hoofdstuk 6

'Joost stopt de brief vanmiddag bij papa in de bus. Hij komt erlangs als hij naar school fietst,' vertelt Roos aan Rik. 'En daarna geven we mama ook zo'n brief.'

'Sjonge,' zegt Rik. 'Ik hoop maar dat jullie plan goed uitpakt.'

'Natuurlijk wel. Dan komt papa bij ons wonen. En hoef ik hem niet meer te missen.' Roos straalt al bij het idee.

Rik werpt een blik op haar. Hij moet om haar lachen.

Ze lopen langs de chimpansees. Roos gluurt door het glas. Ze hoopt dat Ulan eindelijk naar buiten is gekomen, maar ze ziet haar niet.

'Zou Dian er zijn?' vraagt ze. 'Dan kunnen we vragen hoe het met Ulan gaat.'

'We kunnen wel even gaan kijken,' zegt Rik. 'Ik ben er zelf ook nieuwsgierig naar.'

Ze lopen naar de achterkant van het verblijf. Daar zit de deur naar de binnenverblijven.

Rik wil net aankloppen als Dian naar buiten komt.

'Hoe gaat het met Ulan?' vraagt Roos meteen.

Dian blijft in de deuropening staan en kijkt bezorgd. 'Niet zo heel goed. Ze wil nog steeds niet naar buiten. En ze eet ook nog steeds niets.'

Roos schrikt ervan. 'Kunnen jullie haar niet voeren?' vraagt ze. 'Dat gebeurde toch ook toen ze klein was, in die andere dierentuin? Toen kreeg ze de fles.'

'Wij doen dat niet,' legt Dian uit. 'In de natuur zijn er ook geen mensen of flesjes. Daar moeten de dieren het zelf oplossen.'

'En het is veel te gevaarlijk om de hokken in te gaan,' weet Rik. 'Een volwassen chimpansee kan je behoorlijk te pakken nemen.'

'Maar Ulan is nog jong!' roept Roos uit. 'Ze doet heus niks!'

'We wachten af en hopen dat het goed komt,' zegt Dian op besliste toon. 'Hoe gaat het eigenlijk met Dani?' vraagt ze dan aan Rik.

'Die groeit als kool,' begint Rik. Hij vertelt enthousiast over Dani, mama Josha en de andere olifanten uit de groep.

Roos luistert niet. Ze gluurt door de deuropening

in het binnenverblijf. Achter de tralies ziet ze een donkere gedaante in een hoekje zitten. Zou dat Ulan zijn? Dat moet haast wel! Roos kan er niets aan doen. Voordat ze erbij nadenkt, is ze al naar binnen geglipt. Rik en Dian merken het niet. Ze praten gewoon door.

Zacht loopt Roos naar de tralies toe. De donkere gedaante is Ulan! Roos herkent haar meteen. Ze zit in elkaar gedoken met haar gezicht naar de muur. Ze heeft haar dekentje stevig in haar vuist geklemd. Wat ziet ze er treurig uit!

Roos gaat op haar hurken voor de tralies zitten. 'Ulan,' zegt ze zacht. 'Ulan. Kom eens hier.'

Heel even kijkt Ulan naar haar. Dan draait ze haar gezicht weer naar de muur.

'Ben je zo bang dan?' Roos wacht af of Ulan reageert, maar ze beweegt niet.

'Er zijn heus wel aardige apen buiten,' praat Roos verder. 'Luca bijvoorbeeld. En Bunzi. En trouwens, Jacco is ook best aardig. Je moet hem alleen niet op zijn neus slaan. Dat vindt hij niet leuk.'

Ineens schrikt Ulan op. Luca komt binnen. Ze wil naar Ulan toe lopen, die trilt van angst. Aarzelend blijft Luca staan. Dan loopt ze langzaam verder in de richting van Ulan.

Die maakt nu angstige schreeuwgeluidjes. Bij elke stap die Luca dichterbij komt, worden de schreeuwgeluidjes harder.

Roos kan er bijna niet naar luisteren. Het gaat door merg en been. Zeker als Luca ook nog begint te krijsen. Heel hard en heel schel. Roos houdt haar handen tegen haar oren.

Plotseling stopt Luca met krijsen. Ze draait zich om en wil naar een van de autobanden lopen. Die hangen aan lange touwen aan het plafond. Het zijn net schommels. Maar ineens ziet ze Roos. Bliksemsnel komt ze naar haar toe. Roos deinst achteruit van schrik. 'Ik kwam alleen maar naar Ulan kijken,' zegt ze snel.

Luca gaat op haar hurken zitten. Ze kijkt met een schuin gezicht naar Roos.

Roos ontspant. Luca wil haar helemaal geen kwaad doen! Ze is alleen nieuwsgierig. Toch blijft Roos voor de zekerheid een eindje bij de tralies vandaan. Apen zijn sterk. Dat zei Rik net nog. Je weet maar nooit.

Een tijdje zitten Roos en Luca zo naar elkaar te kijken. Dan begint Roos zacht te praten.

'Jij helpt Bunzi toch?' vraagt ze. 'Je moet Ulan ook helpen.' Ze wijst naar Ulan.

Luca kijkt naar Ulan. Weer maakt ze harde krijsgeluiden. Ze loopt onrustig heen en weer door het hok. Ulan drukt zichzelf tegen de muur, zo bang is ze voor Luca.

Roos weet niet wat ze moet doen.

Ineens loopt Luca weg. Naar het buitenverblijf. Het is stil in het hok.

Roos haalt opgelucht adem.

'Je hebt geluk gehad,' hoort ze ineens achter zich.

Dian en Rik staan in de deuropening.

'Onze chimps houden niet van nieuwe mensen.'
Dian loopt naar binnen. 'Daarom willen we niet dat
iedereen zomaar naar ze toe gaat.'

'Sorry,' zegt Roos. Ze wilde Dian natuurlijk niet
boos maken.

'Maar Luca leek jou wel aardig te vinden,' gaat
Dian verder.

'Hoe weet je dat?' vraagt Roos.

Dian lacht. 'Meestal slaan de dieren met stokken
naar nieuwe mensen. Soms gooien ze zelfs met
poep.'

Roos giechelt. Gelukkig is dat niet gebeurd!
Meteen kijkt ze weer serieus. 'Waarom schreeuwde
Luca zo hard tegen Ulan? Ulan was al bang, maar
daardoor werd ze nog banger.'

'Luca wordt super nerveus van dat gebibber van
Ulan,' legt Dian uit. 'Als Ulan niet zo angstig was,
zou Luca ook niet schreeuwen.'

'Dat wordt wel ingewikkeld,' vindt Roos. 'Als
iedereen zenuwachtig van elkaar wordt, hoe kan
het dan worden opgelost?'

'Het komt vast wel goed,' denkt Dian. Ze slaat
een arm om Roos heen. 'Kom. We gaan.'

Hoofdstuk 7

Roos pakt net de huissleutel uit haar broekzak als Joost het tuinpad op crost met zijn fiets. Met piepende remmen stopt hij vlak naast haar.

'Gelukt! Ik heb de brief bezorgd!' Hij grijnst. Dan ziet hij haar gezicht. 'Wat is er?' vraagt hij. 'Je ziet eruit alsof je een citroen hebt opgegeten.'

Roos vindt het niet grappig. Ze steekt de sleutel in het slot.

Joost stapt van zijn fiets. 'Papa zal de brief zo wel lezen als hij thuiskomt.'

Roos knikt. Er kan nog steeds geen lachje van af.

Ze maakt de voordeur open.

'Dus... waarom ben je niet blij?' vraagt Joost.

Ineens kost het Roos moeite om haar tranen te bedwingen. 'Het gaat heel slecht met Ulan!'

Joost zet zijn fiets op slot. 'Wil ze nog steeds niet naar het buitenverblijf?'

Roos schudt haar hoofd. 'En ze eet ook nog steeds helemaal niets. En ze maakt Luca zenuwachtig. Luca schreeuwde tegen haar. Luca! Die is juist zo aardig voor andere apen.'

'Wat doen die verzorgers er dan aan?' wil Joost weten.

'Niets! Dat is het juist! Want in de natuur zijn er ook geen verzorgers die het allemaal oplossen, volgens Dian.'

'Hm, dat is natuurlijk wel waar,' knikt Joost. 'De natuur is hard.'

'Wat heb ik daar nou aan?!' roept Roos boos. Stampvoetend loopt ze naar binnen.

'Kalm, zeg! Is het soms mijn schuld dat die aap in de problemen zit?' Joost klinkt echt verontwaardigd.

Roos gaat op de trap zitten. Ze baalt.

'Die aap is geen andere apen gewend,' sust Joost.

'Ze is toch opgevoed door een mens? Daarom is ze bang voor elke chimpansee die in de buurt komt.'

Roos antwoordt niet. Ze mokt.

'Een paar weken geleden wist ze misschien nog niet eens wat een chimpansee wás,' vervolgt Joost.

'Misschien weet ze ook niet dat ze er zélf een is,' zegt Roos nu. 'Moet je je voorstellen. Dan kom je terecht in een grote groep met van die gekke wezens. Ze komen je steeds bekijken en aan je ruiken en ze maken allemaal rare geluiden naar je.' Roos voelt de tranen alweer prikken.

Joost woelt door haar haren. 'Kop op, zusje! Het komt goed.'

'Hoe dan!' roept Roos uit. 'Dat zegt iedereen de hele tijd wel, ik zie alleen niet hóé!'

'Denk er nou maar even niet meer aan,' bromt Joost. 'We gaan naar mijn kamer. We moeten de brief voor mama nog maken. En we moeten papa bellen.' Hij trekt haar mee naar boven.

Er niet meer aan denken. Dat is moeilijk! Hoe harder Roos probeert niet aan Ulan te denken, hoe meer ze juist aan haar denkt. Terwijl Joost de brief aan mam typt op de computer, ziet Roos de kleine aap steeds maar voor zich. Hoe ze in het hoekje zat met haar dekentje in haar knuisten geklemd. En hoe ze zat te trillen toen Luca bij haar in de buurt kwam. Kon Luca Roos maar verstaan. Dan wist ze dat ze niet zenuwachtig hoefde te worden, maar dat ze Ulan juist moest helpen.

'We geven hem aan tafel, oké?' zegt Joost.

'Wat?' Een ogenblik weet Roos niet waar Joost het over heeft.

'De brief!' antwoordt Joost. Hij print hem uit en kijkt op zijn horloge. 'Nu zal papa ongeveer wel thuis zijn. Bel jij of bel ik?' Hij haalt zijn mobieltje uit zijn broekzak.

'Bel jij maar,' zegt Roos.

Joost zucht. Hij typt het nummer van hun vader in. 'Lekker makkelijk. Het is jouw plan, maar ik moet alles doen.'

Roos antwoordt niet.

Joost houdt de mobiel bij zijn oor. 'Nou ja, als het lukt ben je vast weer een beetje vrolijker,' bedenkt hij.

En dat is precies waar Roos op hoopt.

Hoofdstuk 8

'Met Joost,' zegt Joost als pap opneemt. Hij is even stil. Hij luistert naar de andere kant. 'Ja, leuk hè?' antwoordt hij dan. 'Nee, alleen jij en ik en Roos. Met z'n drieën.' Hij knipoogt naar Roos.

Roos begrijpt dat pap erin trapt.

'Het is die open plek meteen achter het dierenpark,' legt Joost uit.

'Ik ben thuis!' klinkt het ineens. Joost schrikt zich wild. Met een snel gebaar houdt hij zijn mobieltje achter zijn rug. Mam heeft haar hoofd om de deur gestoken.

Roos schrikt ook. Ze voelt dat haar wangen rood worden. Wat heeft mam allemaal gehoord?

'Stoor ik soms?' Mam kijkt van Joost naar Roos en terug. Ze vindt duidelijk dat ze zich vreemd gedragen.

Roos is opgelucht. Blijkbaar heeft mam niets gehoord. 'Natuurlijk niet,' zegt Roos. Ze probeert zo gewoon mogelijk te klinken. 'Wat kom je doen?'

'Dat zei ik toch al? Ik wilde jullie even laten weten dat ik thuis ben.' Mam kijkt naar Joost. 'Waarom hou je eigenlijk je mobieltje achter je rug?'

Pap zegt iets. Roos kan hem horen praten door het mobieltje.

Mam heeft het ook gehoord. 'Dat is papa!' zegt ze meteen.

Joost is nu net zo knalrood als Roos. Snel doet hij de mobiel weer aan zijn oor. 'Nou eh... dag pap!' roept hij. Nog voor pap iets terug kan zeggen, heeft hij de verbinding al verbroken.

'Het moet niet gekker worden!' zegt mam

verbaasd. 'Waarom mag ik niet weten dat jullie met papa bellen?'

'Natuurlijk mag je dat weten,' liegt Roos snel. 'De fiets van Joost heeft een lekke band. Hij vroeg of papa wilde helpen met plakken.'

'Op de open plek in het bos?' zegt mam ongelovig.

Paniekerig kijkt Roos naar Joost. Mam heeft het dus wél gehoord!

Joost probeert luchtig te doen. 'O, dat...' zegt hij. 'Ik vertelde papa dat we je wilden verrassen.' Hij pakt de brief en geeft die met een zwierige zwaai aan mam.

Roos houdt haar adem in. Ze kijkt naar mam, die de brief leest.

Mam kijkt ineens heel blij. Haar vragen is ze in één klap vergeten. 'Wat ontzettend leuk!' zegt ze wel honderd keer. 'Daar heb ik echt zin in!'

Als mam even later naar beneden loopt, laat Joost zich achterover op zijn bed vallen. 'Pfff!' doet hij.

Roos schiet in de lach. Stap één van het plan is in elk geval gelukt: pap en mam zijn er allebei in getrapt. Nu stap twee nog!

Hoofdstuk 9

Eindelijk. Het is zover. Vandaag gaan Roos en Joost
hun plan uitvoeren. Het plan waardoor hun ouders
weer verliefd moeten worden. Roos straalt al bij de
gedachte. Ze zit met Joost op zijn bed.

'Kleed, broodjes, gekookte eieren,' somt hij op.
Hij doet alles in een grote picknickmand.

'Check.' Roos kruist het af op een lange lijst.

'Sinaasappelsap, thermoskan met thee, kopjes…'
De mand begint al aardig vol te raken.

'Check,' zegt Roos weer. 'Borden, messen, boter…'

'Is er,' knikt Joost. 'Kaas, tomaatjes, ham… Briefje
voor papa en mama.'

'Check.'

'Dan hebben we alles.' Joost klapt het deksel van de mand dicht.

'Behalve het belangrijkste. Muziek,' bedenkt Roos. 'Knuffelrock. Heb je dat?'

'Yep!' Joost zet zijn draagbare cd-speler naast de mand en legt er twee cd's bij.

Even later lopen ze met de zware mand en met de muziekinstallatie over het bospad achter het dierenpark. Roos ziet het al helemaal voor zich: pap en mam met al die lekkere dingen en die romantische muziek...

Aan de rand van de open plek blijft Joost staan. 'Ik ga achter die boom op de uitkijk.' Hij wijst naar een dikke eik. 'Als ik pap aan zie komen, doe ik een uil na.' Hij zet zijn handen aan zijn mond. 'Oehoe!'

Roos knikt.

'En als ik mam zie, doe ik een duif na.' Joost zet alweer zijn handen aan zijn mond. 'Roekoe!'

'Oké,' zegt Roos.

Joost verstopt zich achter de eik en Roos stapt de open plek op. De zon schijnt. Het gras ruikt heerlijk en het staat er vol met gele bloemen. Er is ook een vijver waarin veel kikkers zitten.

Roos hoort ze kwaken terwijl ze het kleed uitspreidt. Alles is gewoon perfect om het plan te laten slagen. Zacht neuriënd zet ze het lekkers op het kleed.

'Oehoe! Oehoe!' galmt het door het bos.

Het teken van Joost! Nu al!? Dat betekent dat hun vader er aankomt!

'Oehoe! Oehoe!'

'Jaha!' zegt Roos. Gehaast zet ze de laatste spulletjes op het kleed. Zo snel ze kan, doet ze een cd in de cd-speler en drukt op 'play'. Nu zou er muziek moeten zijn, maar het blijft stil. Roos staart naar de cd-speler. Wat doet ze fout? Ze drukt op allerlei knopjes. Het helpt allemaal niets.

Ineens ziet Roos de volumeknop.

Aha! denkt Roos. Dat is het probleem. Ze draait de knop helemaal open. Nog steeds is het stil, op het gekwaak van de kikkers na. Zenuwachtig kijkt Roos over haar schouder. In de verte ziet ze door de bomen inderdaad al een gestalte aan komen lopen. Gehaast haalt Roos de cd eruit. Misschien is er iets mis mee. Ze doet er een andere in en drukt weer op 'play'. Nóg niets! De gestalte is nu al heel dichtbij.

'Roekoe! Roekoe!' klinkt het.

Dat betekent dat mama er nu ook aankomt!

'Rotding!' roept Roos zachtjes tegen de cd-speler. Ze schudt hem heen en weer. Ineens klinkt er keihard muziek. Van schrik laat Roos het apparaat bijna uit haar handen vallen. Ze draait de volumeknop weer een stukje dicht, zodat de muziek zachter klinkt. Zo is het precies goed! Opgelucht rent Roos over het gras naar de eerste de beste boom die ze ziet staan en ze verstopt zich snel. Voorzichtig gluurt ze om de stam.

Pap loopt de open plek op. Hij glimlacht als hij de muziek hoort en het picknickkleed ziet. 'Roos? Joost?' roept hij, terwijl hij om zich heen kijkt.

Roos kan het niet helpen. Ze heeft een grijns van oor tot oor, zo spannend vindt ze het!

Daar klinkt gekraak van takken. Dat is mam.

'Jan? Wat doe jij nou hier?' hoort Roos haar zeggen.

'Dat kan ik ook wel aan jou vragen,' antwoordt pap. 'Ik kom picknicken met Joost en Roos.'

'Jij toch niet? Ik ging juist picknicken met Roos en Joost,' zegt mam.

'Ik begrijp er niets van.' Pap kijkt verbaasd.

Dan zien ze het briefje liggen. Roos heeft het op de broodjes neergelegd. Pap en mam bukken tegelijk om het briefje te lezen.

'*Veel plezier. Van Roos en Joost,*' leest pap voor.

Roos heeft minstens honderd hartjes op het briefje getekend.

Pap en mam kijken elkaar aan. Hun hoofden zijn vlak bij elkaar....

Nu gaat het gebeuren, denkt Roos. Ze gaan zoenen! Hoera!

Maar dan loopt alles anders dan ze gedacht had. Er wordt niet gezoend. In plaats daarvan zet mam de muziek uit en pakt pap zijn mobiel. Hij toetst een nummer in.

Wat is dat nou? denkt Roos. En wie gaat papa bellen?

Ze hoeft niet lang op het antwoord te wachten. Vanachter de dikke eik klinkt de ringtone van een mobieltje.

'Joost!' roept pap.

Joost komt achter de boom vandaan. Hij lacht een beetje schaapachtig.

Roos is zo ontdaan dat ze vergeet zich nog langer
te verstoppen.

'Jongens! Waar zijn jullie mee bezig?' vraagt mam
streng.

'We gingen jullie verrassen,' zegt Joost.

'Want we hoopten dat jullie weer bij elkaar
gingen komen,' legt Roos uit.

Hun vader schudt zijn hoofd.

Mam kijkt medelijdend. 'Ach... schatje toch...'
zegt ze. 'Dat gaat niet gebeuren...'

Het klinkt alsof ze dat héél zeker weet. Mam wil
haar arm om Roos heen leggen, maar Roos stapt
achteruit.

'Ik wil het zo graag!' schreeuwt ze boos. 'En jullie
doen je bést nog niet eens!' Dan rent ze weg. Langs
haar vader en langs Joost.

'Wacht nou!' hoort ze pap nog roepen. Maar
Roos luistert niet. Ze rent door, zo hard als ze kan.

Hoofdstuk 10

Roos staat bij het glas. Ze ziet Luca niet. Wel ziet ze Bunzi. Hij zit bij de waterval een vrouwtjes- chimpansee te vlooien. Ze heeft een grappige kuif op haar hoofd en een baby op haar buik. Het kleintje klemt zich met zijn voor- en achterpoten aan haar vast. Twee jonge apen buitelen voor haar langs. Waarschijnlijk spelen ze tikkertje. Ze springen achter elkaar aan het klimrek in, duiken via de touwen van tak naar tak en ploffen ten slotte weer op de grond neer, waar ze stoeiend over elkaar heen rollen.

Jacco loopt rustig rond en kijkt of alles goed gaat.

Nou, er gaat niks goed vandaag! Helemaal niks! denkt Roos. Ulan zit nog steeds binnen en haar vader en moeder komen niet bij elkaar. Nooit meer. Er prikken tranen in haar ogen.

Ineens legt iemand een hand op haar schouder. 'Ik dacht al dat ik je hier kon vinden...' Pap is naast haar komen staan.

Nu houdt Roos het niet meer. De ene traan na de andere spat naar buiten.

Pap zegt niks. Hij slaat zijn armen om haar heen en drukt haar stevig tegen zich aan.

'Jullie deden zo aardig tegen elkaar...' zegt Roos na een tijdje. Haar stem klinkt gek door het huilen.

'Daar waren mama en ik juist zo blij over,' zegt pap.

'Ja, maar daardoor dachten Joost en ik...' Een nieuwe golf van tranen komt naar buiten.

Papa trekt Roos mee naar het bankje dat tegenover het

chimpansee-verblijf staat. 'De tijd van ruzie is voorbij,' legt hij uit. 'Juist omdát we niet meer bij elkaar wonen. Snap je dat?'

'Joost en ik moeten toch ook met elkaar opschieten? Wij kunnen toch ook niet zomaar beslissen dat we geen broer en zus meer zijn?'

Haar vader knikt. 'Dat is zo.' Hij krabbelt achter zijn oor, alsof hij niet goed weet wat hij verder moet zeggen.

'Ja. Nou?' houdt Roos vol.

'We hebben écht ons best gedaan,' zegt pap.

Roos kijkt naar de grond. Ze weet eigenlijk wel dat dat zo is.

'Luister, Roos. Of we nu bij elkaar zijn of niet, we blijven altijd sámen jouw vader en moeder.'

Roos knikt. Ze veegt haar tranen af en omhelst pap. Hij klopt haar op haar rug.

'Meisje van me...' zegt hij.

Ineens schrikt Roos. Ze wurmt zich los. Tim, papa's buurjongetje, loopt naar haar toe. Dat gaat nog niet zo heel goed. Hij waggelt en valt vaak om. Daarom houdt een vrolijk lachende Marly hem met één hand vast bij zijn kraag. In haar andere hand heeft ze een lekkend ijsje.

Tim wil Roos bij haar neus grijpen. Net op tijd springt Roos overeind.

'Wat leuk dat jullie hier ook zijn,' vindt Marly. 'Tim kan sinds een paar dagen lopen. Goed, hè?'

Tim klemt zich nu met één handje vast aan de broek van Roos.

Met zijn andere handje graait hij naar haar gezicht. Gelukkig kan hij er niet bij.

'Het liefst klom hij zo in je armen,' grinnikt Marly. 'Net als dat kleine aapje daar.' Ze wijst naar de baby-chimpansee in de armen van de vrouwtjesaap met de kuif.

Roos staart naar het aapje. Ze denkt aan wat papa zei over het na-apen... Ze ziet hoe Bunzi het

vrouwtje vlooit en denkt aan Luca en aan Ulan.
Ineens komt ze op een geweldig idee! Ze tilt Tim
op. 'Kom mee, Tim.'

Het jongetje grijpt Roos meteen met twee
knuisten bij haar haren. Roos let er niet op. Ze loopt
naar de achterkant van het chimpansee-verblijf.

Marly schrikt. 'Ho ho! Waar ga je naartoe?'
Samen met pap rent ze achter Roos aan.

'Let maar op,' zegt Roos. Ze klopt op de deur.

Hoofdstuk 11

Roos klopt nog een paar keer op de deur. Ze bedenkt net dat Dian er misschien niet is, als de deur openzwaait.

'Roos!' zegt Dian verbaasd. Ze heeft een emmer met fruit in haar handen. Ze glimlacht naar pap. 'En de vader van Roos... Dan is dat je moeder en dat is je kleine broertje.' Ze knikt naar Tim op Roos' arm.

'Echt niet!' schudt Roos haar hoofd. 'Dat mocht hij willen!'

'Doedoedoe!' roept Tim blij. Hij trekt hard aan het haar van Roos.

Roos verbijt zich. 'Gaat het nog steeds zo slecht met Ulan?' vraagt ze.

Dian zucht. 'Ik probeerde haar net wat fruit te geven, maar dat wil ze ook niet. Ze eet nog steeds bijna niets.'

'Ik weet wat we moeten doen,' zegt Roos. 'Maar daarvoor moet ik wel naar binnen.' Ze is heel zeker van haar zaak.

Maar Dian is ook zeker van haar zaak. 'Dat lijkt me geen goed idee,' zegt ze op besliste toon.

'Geloof me. Het is een geweldig idee,' dringt Roos aan. 'Laat het me proberen. Alsjeblieft.'

Dian aarzelt. Dan stapt ze opzij zodat Roos erdoor kan. 'Wel zonder de baby,' zegt ze.

'Die heb ik juist nodig,' antwoordt Roos. Voor Dian haar kan tegenhouden, stapt ze al naar binnen.

'Wat ga je met Tim doen?!' roept Marly geschrokken. Ze rent achter Roos aan.

'Ssst!' Roos gebaart dat Marly achteruit moet gaan. 'Je hoeft je geen zorgen te maken.'

Papa en Dian zijn ook binnengekomen. Samen met Marly blijven ze bij de deur staan.

Roos loopt met Tim op haar arm tot vlak bij de tralies. Wat ze hoopte is ook zo: Luca is binnen. Ze zit op een verhoging in het binnenverblijf. Daar pulkt ze met veel aandacht de bast van een grote tak. Onder haar, in een hoekje, zit Ulan. Zij zit nog steeds met haar gezicht naar de muur en heeft nog altijd het dekentje in haar vuist geklemd. Het is net alsof ik niet weg ben geweest, denkt Roos.

Tim lacht als hij Luca en Ulan ziet. Hij wijst naar ze. 'Woekie!'

Nieuwsgierig bekijkt Luca Tim. Dan klimt ze naar beneden en loopt naar de tralies.

Marly slaat haar handen voor haar mond van schrik. Ademloos kijkt ze toe hoe Luca vlak voor Tim blijft staan en hem van top tot teen bekijkt.

'Dag, Luca.' Roos gaat op haar hurken zitten, net buiten het bereik van Luca. Ze zet Tim op haar schoot met zijn gezicht naar de aap toe. 'Dit is Tim,' zegt ze. 'Ik ga voor hem zorgen. Kijk.' Ze maakt zachte geluidjes, zoals ze Luca ook heeft horen doen. 'Oeh, oeh, oeh!' Dan plukt ze in het haar van Tim, alsof ze hem vlooit.

Tim vindt het een leuk spelletje. Hij vlooit Roos ook. 'Babababababa,' zegt hij blij.

Marly en papa schieten in de lach.

'Ssst!' zegt Roos weer.

Luca bekijkt aandachtig wat Roos en Tim doen.

'Dat moet jij ook bij Ulan doen.' Roos zegt de naam Ulan hard en duidelijk, terwijl ze naar Ulan wijst.

Luca kijkt naar Ulan, die nu vanuit haar hoekje stiekem naar Roos en Tim zit te gluren.

'Kijk Luca, ik geef Tim te eten.' Roos gebaart naar het ijsje in Marly's hand.

Marly begrijpt wat Roos aan het doen is. Ze geeft Roos het ijsje.

'Hier, Tim.' Roos houdt Tim het ijsje voor. Die grijpt het met zijn knuist en begint er met smaak aan te sabbelen.

'Dat moet jij ook doen met Ulan,' zegt Roos. De naam Ulan zegt ze weer extra hard en duidelijk, terwijl ze naar het aapje wijst. 'Ulan moet eten,' zegt Roos nog een keer.

Dian schuift snel de emmer met fruit naar Roos.

Roos pakt er twee sinaasappels uit en legt ze op

de grond, waar Luca erbij kan.

Luca steekt haar arm door de tralies en pakt het fruit. Eén sinaasappel eet ze op.

'Breng die andere maar naar Ulan,' zegt Roos.

Luca kijkt naar de overgebleven sinaasappel. En dan naar Ulan.

Ulan kijkt ook naar de sinaasappel.

Ze heeft er trek in. Roos weet het zeker!

Iedereen houdt zijn adem in. Zou Luca begrijpen wat Roos van haar vraagt?

Ja! Luca begrijpt het! Ze loopt naar Ulan toe!

'Yes!' zegt Roos zachtjes.

Maar dan... als Luca al vlakbij is, begint Ulan te trillen. Ze maakt hoge krijsgeluidjes van angst.

'Niet doen!' schrikt Roos.

Het is al te laat. Luca wordt weer zenuwachtig van de bange Ulan. Ze begint te schreeuwen. Ze loopt druk heen en weer, terwijl ze steeds harder schreeuwt. Uiteindelijk loopt ze naar buiten, met de sinaasappel nog in haar hand.

Er valt een diepe stilte in het binnenverblijf. Zelfs Tim houdt zijn mond.

'Sukkel!' roept Roos dan tegen Ulan. 'Wíl je soms

niet geholpen worden?!' Roos wil boos naar buiten lopen, maar Dian houdt haar tegen.

'Roos!' Dian pakt haar bij haar arm en knikt naar het luik dat naar het buitenverblijf gaat.

Roos volgt haar blik. Tot haar verbazing is Luca het binnenverblijf weer in gekomen. Ze heeft de sinaasappel nog steeds in haar hand en gaat ermee naar Ulan. Die trilt van angst.

'Niet bang zijn!' fluistert Roos met ingehouden adem.

Als Luca een paar meter bij Ulan vandaan is, blijft ze staan. Ze legt de sinaasappel op de grond en

geeft hem een zetje, zodat hij naar Ulan toe rolt.

Tik. De sinaasappel komt met een bonsje tegen Ulans hand terecht.

Ulan kijkt ernaar. Ze aarzelt….

En dan gebeurt het. Ulan pakt het fruit en eet ervan. Ze heeft zo'n honger dat ze vergeet op te letten. Meteen loopt Luca naar haar toe en begint haar te vlooien. En Ulan... die geniet er duidelijk van.

'Hoera!' roept Roos. Ze steekt haar handen in de lucht. 'Slimme Luca! Gelukt! Toch nog gelukt!'

Hoofdstuk 12

Een paar dagen later staan Roos en Dian in het buitenverblijf van de chimpansees. De dieren zijn nog binnen.

Achter het raam staat het vol mensen. De verzorgers van het park, bezoekers en mensen van de krant. Ze maken onafgebroken foto's van Roos en Dian.

Roos let er niet op. Ze scheurt een pak waterijsjes open.

'Haal de wikkels er maar af,' zegt Dian. Zelf vult ze een enorme platte bak met ananas, appel, sinaasappel, banaan, druiven en kokosnoten.

Steeds als Roos een wikkel van een ijsje heeft gehaald, steekt ze het ijsje tussen het fruit. Als ze er allemaal in zitten, vormen ze een getal: 50!

Vandaag is het namelijk zover. Bunzi wordt vijftig en dat vieren ze!

'Klaar?' vraagt Dian. Ze bekijken samen de fruit- en ijsjestaart. Hij ziet er prachtig uit.

'Klaar,' knikt Roos trots.

Dian lacht. 'Loop jij maar vast naar voren!' zegt

ze. 'Dan laat ik het feestvarken naar buiten.'

Het is inmiddels nóg drukker geworden. Als Roos voor het chimpansee-verblijf staat, kijkt ze tegen een muur van ruggen en dikke billen aan. Wel honderd mensen verdringen zich voor het glas. Roos probeert zich ertussen te wurmen, maar hoe graag ze ook wil, het lukt haar niet om vooraan te komen.

'Roos!' Daar is Rik. Hij grijpt haar hand en trekt haar mee naar voren. 'Sorry,' roept hij, terwijl hij de mensen opzij duwt. 'We moeten er even langs!'

'Wij willen het ook zien!' moppert een meneer. Maar Rik en Roos zijn al langs hem geglipt.

Net op tijd staan ze bij het glas en zien hoe de oude stramme Bunzi door het luik naar buiten klimt. Als hij de mensenmassa achter het glas ziet, blijft hij verbaasd staan kijken.

Spontaan beginnen de mensen te zingen: 'Lang zal Bunzi leven! Lang zal Bunzi leven! Lang zal Bunzi leven in de gloria!'

Heel even weet Bunzi niet of hij zal blijven of snel weer naar binnen zal gaan. Roos ziet het aan zijn aarzelende houding.

Maar ineens valt zijn blik op de taart.

Zo veel lekkers heeft hij nog nooit bij elkaar gezien! Met twee handen grist hij er wel tien ijsjes en een grote kokosnoot uit. Op de drukte achter het glas let hij allang niet meer.

De andere apen klimmen nu ook door het luik. Ze loeien, schreeuwen en krijsen als ze de taart zien en pakken zo veel lekkers als ze maar kunnen dragen.

'Waar zijn Luca en Ulan?' Roos kijkt overal, maar ze ziet ze niet tussen al die opgewonden apen.

'Daar.' Rik wijst naar de waterval. Hij lacht. Drie chimpansees zitten te genieten van hun feestmaal: Bunzi, Luca en Ulan.

'Die Ulan! Ze hoort er nu echt bij.' Dian is naast Roos komen staan en knijpt in haar hand. 'Goed, hè?'

Roos straalt. Dit is het geweldigste verjaardags-partijtje ooit!